Rudolph Lepke

Galerie Eduard Houben

Rudolph Lepke

Galerie Eduard Houben

ISBN/EAN: 9783743380554

Hergestellt in Europa, USA, Kanada, Australien, Japan

Cover: Foto ©Thomas Meinert / pixelio.de

Manufactured and distributed by brebook publishing software (www.brebook.com)

Rudolph Lepke

Galerie Eduard Houben

Galerie
Eduard Houben.

Versteigerung: Dienstag, den 6. März 1894, von 10 Uhr ab.
Vorbesichtigung: Sonntag, den 4. und Montag, den 5. März 1894, von 10—2 Uhr.

RUDOLPH LEPKE's KUNST-AUCTIONS-HAUS.

Versteigerung: Dienstag, den 6. März 1894, von 10 Uhr ab.

Galerie
Eduard Houben.

Werthvolle Oelgemälde
älterer und neuer Meister

sowie eine kleine Aquarellsammlung

von Th. Hosemann
aus gleichem Besitze.

Oeffentliche Versteigerung:

Dienstag, den 6. März 1894
von 10 Uhr ab,

durch den vereideten königlichen und städtischen Auctions-Commissar
für Kunstsachen und Bücher

RUDOLPH LEPKE
im

Kunst-Auctions-Hause
28/29 Kochstrasse. BERLIN SW. Kochstrasse 28/29.

Oeffentliche Besichtigung:

Sonntag, den 4. und Montag, den 5. März 1894
von 10—2 Uhr.

Saal II.   . 936.   Saal II.

Verkaufs-Bedingungen
für
RUDOLPH LEPKE'S KUNST-AUCTIONS-HAUS.

1. Die Versteigerung **geschieht** gegen sofortige Zahlung in Deutscher Reichswährung, und wollen Auftraggeber daher ihre Commissionaire mit **Casse** versehen. Die Uebernahme erfolgt sogleich mit dem **Zuschlage**.
2. Diejenigen Käufer, welche am folgenden Tage zu zahlen wünschen, müssen eine angemessene Summe vor der Versteigerung deponiren.
3. Ein Aufschlag zur Kaufsumme wird bei dieser Auction **vom** Käufer mit 5 pCt. erhoben.
4. Die Künstlernamen sind so beibehalten, wie der Besitzer angab Angegebene Maasse verstehen sich bei Gemälden **ohne Rahmen**.
5. Die Gegenstände werden in dem Zustande versteigert, wie sie sich befinden, weshalb die Käufer auf etwaige Beschädigungen oder Fehler in der Katalogisirung achten wollen.
6. Von der Reihenfolge wird nur ausnahmsweise abgewichen.
7. Gesteigert wird mindestens um 1 Mark, über hundert um 5 **Mark**.

Kauf-Aufträge

gegen übliche Provision übernehmen die bekannten Buch- und Kunsthandlungen des In- und Auslandes. Nachbenannte Firmen haben sich ausdrücklich hierzu bereit erklärt:

- Hrn. E. Blatzer, Zehlendorf bei Berlin.
- W. Casper, Friedrichstr. 224.
- Albert Cohn, Mohrenstr. 53.
- Ihlau's Kunst-Antiquariat, Französischestr. 47.
- R. Jungfer, Wilhelmstr. 144a.
- Paul Lehmann, Französischestrasse 33c.
- Gust. Lewy, Wilhelmst. 57/58.
- Leo Liepmannssohn, Bernburgerstrasse 14.
- W. Loeske, Charlottenstr. 8.
- Mitscher u. Röstell, Jägerstr. No. 61a.
- W. Müller, Grunewaldstr. 116
- V. Riedel, Markgrafenstr. 21.
- H. Sagert u. Comp., Leipzigerstrasse 132.
- J. Sagert, Friedenau, Rembrandtstr. 7.
- Hrn. A. Pribil, Markgrafenstr. 60.
- J. A. Stargardt, Dessauerstr. No. 2.
- Stiefbold u. Comp., Kronenstrasse 40.
- Max Wollmann, Mohrenstr. 8.
- R. Zeune, Prinzenstr. 95.
- M. Albu, Karlstr. 26.
- M. Harrwitz, Potsdamerstr. No. 41a.
- Quaas'sche Kunsth., Stechbahn 2.
- J. van Dam, Wilhelmstr. 52.
- D. Pergamenter, Charlottenstrasse 28.
- R. Mannheimer, Mohrenst. 10.
- Herzog u. Schwersenz, Königgrätzerstr. 123b.
- F. E. Lederer, Kurstr. 37.
- W. Weber, Charlottenstr. 48.
- F. Adam, Wilhelmstr. 43b.

Jede schriftliche Auskunft wird gern ertheilt, doch ist der Anfrage Francatur zur Beantwortung beizufügen. An das unterzeichnete Institut gerichtete Aufträge werden zuverlässigen Commissionären zur Ausführung übergeben.

Rudolph Lepke's Kunst-Auctions-Haus
BERLIN S.W., Kochstr. 28·29.

Galerie Houben.

Die kleine, höchst interessante Gemäldesammlung, welche in diesem Kataloge verzeichnet ist, und am **Dienstag, den 6. März,** in der Zeit von 10—12 Uhr versteigert werden soll, enthält sowohl sehr bedeutende Originale alter Meister, welche Herr Houben zum grossen Theil aus der A. G. Thiermann-schen Sammlung erwarb, wie auch einige vortreffliche Bilder berühmter Zeitgenossen und am Schlusse eine kleine Sammlung von Aquarellen unseres sehr beliebten Th. Hosemann.

Sowohl die älteren, wie die modernen Gemälde verdienen durchaus die Beachtung von Kunstfreunden und öffentlichen Sammlungen, und erlauben wir uns daher, auf diese Collection ganz besonders aufmerksam zu machen.

Rudolph Lepke's Kunst-Auctions-Haus.

Auction: Dienstag, den 6. März 1894,
von 10 Uhr ab.

Galerie Ed. Houben.

F. Bein.
Gegenwart.

1 2 Ruhende Hühnerfamilie neben einem Futternapfe. Hühner auf dem Hofe. Gegenstücke. Hübsche Bildchen auf Holz.
H. 17. Br. 23. G. R

Karl Hübner.
Geb. 1814.

3 Junge Holländerin vor einem Tische sitzend und über einen zu schreibenden Brief nachdenkend. Ansprechendes Genrebildchen. Auf Holz.
H. 37. Br. 28. G. R.

Rudolph Lepke's Kunst-Auctions-Haus in Berlin.

C. W. E. Dietrich.
1712–1774.

4 Bänkelsänger in Ausübung seiner Kunst. Er hält einen Hund an der Leine, hinter ihm wird eine blinde Frau sichtbar Halbfigur. Auf Holz.
H 32. Br. 24. S. R.

D. Teniers. (Nach ihm.)
1610–1690.

5 Niederländischer Bauernhof. Vier Bauernfiguren, sowie Hund und Geflügel bilden die Staffage. Auf Holz.
H. 15. Br. 21. S. R.

Hermann Eschke.
Geb. 1823.

6 Strandpartie bei Abendbeleuchtung. Im Vordergrunde ein Fischerboot, sowie einige Strandgüter von einem Hunde bewacht. Auf Leinwand.
H. 28. Br. 34. G. R.

Jan Fyt.
1611–1661.

7 Bei einem liegenden Hunde sieht man einen Rattenkäfig, sowie todtes Geflügel. Im Hintergrunde werden einige Disteln sichtbar. Auf Leinwand.
H. 50. Br. 65. G. R.

25.

OELGEMAELDE.

Paulus Potter. (Nach ihm.)
1625—1654.

8 Schimmel von einem Knaben in den Stall geführt. Links blickt man in eine Dorfstrasse. Auf Holz.

H. 26. Br. 33. G. R.

Philips Wouwerman.
1619—1668.

9 Dorfkirchweih. Unter einem Baume auf einer Anhöhe links sieht man Jongleure in der Ausübung ihrer Kunst. Ein buntes Durcheinander von Menschen, wobei ein Mann zu Pferde, bildet den Zuschauerkreis. Rechts das Dorf. Auf Holz.

H. 49. Br. 67. S. R.

Theodor Hosemann.
1807—1875.

10 Kleines Bauernmädchen eine Gänseheerde weidend. Daneben ein schlafender Knabe. Sehr ansprechendes Bildchen auf Leinwand.

H. 38. Br. 48. G. R.

OELGEMAELDE.

Bernardo Belotto gen. Canaletto.
1720—1780.

11 Hofansicht der Festung Königstein in Sachsen. Schönes Architecturstück. Mehrere Personen, Soldaten und Cavaliere bilden die Staffage. Auf Leinwand.

H. 49. Br. 80. S. R.

Ch. Hoguet.
1821—1870.

12 Hollandische Strasse. Im Vordergrunde links Gemüse in einem Karren und auf der Erde liegend. Mehrere Personen bilden die Staffage. Auf Holz.

H. 35. Br. 24. G. R.

Derselbe.

13 Hollandische Strasse mit Thonwaaren. Verkäufer im Vordergrunde rechts. Weiter zurück ein Antiquitätenladen. Gegenstück zu vorhergehendem Bilde.

D. Teniers.
1610—1690.

14 Interieur mit Karten spielenden Soldaten. Einige Soldaten schauen zu. Die Bezeichnung fälschlich. Auf Holz.

H. 27. Br. 36. G. R.

26

P. P. Rubens.
1577—1640.

15 Eigen - Portrait des Meisters. Er ist in gelblichem Kamisol mit schwarzem Ueberwurf dargestellt und trägt Schlapphut, sowie grosse weisse Halskrause. Halbfigur. Jugendarbeit. Auf Holz.

Früher: Sammlung A. G. Thiermann, Berlin. sub No. 303. Im Katalog ist Folgendes über dieses interessante Bild gesagt: Ce portrait appertient aux premières oeuvres de l'artiste et ne porte pas beaucoup du cachet de sa manière postérieure, il es toutefois très-attrayant de pouvoir poursuivre le génie du maître jusque dans ses productions de jeune homme.

H. 37. Br. 24. G. R.

Joh. Heinr. Wüst.
1741—1821.

16 Landschaft. Auf einem Wege, der sich rechts im Walde verliert, sieht man einige Personen im Gespräch. Links waldiges Thal, von einem Bach durchflossen und Viehheerde. Auf Holz.

H. 35. Br. 48. S. R.

Ferd. Bol.
1611—1680.

17 Brustbild eines Mannes mit vollem Gesicht und kurzem Schnurrbart. Er trägt einen pelzverbrämten Ueberwurf, sowie schwarzes Barett und hat bei einer Wendung nach rechts den Blick auf den Beschauer gerichtet. Das auf Holz gemalte schöne Bild ist rechts unten fälschlich mit „Rembrandt" bezeichnet.
H. 44. Br. 33. S. R.

Joh. Lingelbach.
1624—1674.

18 Italienische Landschaft. Im Vordergrunde einer Dorfstrasse sieht man einen mit zwei Ochsen bespannten Wagen von einigen Personen umgeben, vor einem Wirthshause halten; rechts eine Wäscherin bei einem Brunnen. Auf Holz.
H. 46. Br. 63. S. R.

Unbekannter Meister.
XVII. Jahrh.

19 Stillleben mit bauchigem Steinkrug Kohlenbecken, Tabakspfeife und Tabaksschachtel. Die benannten Gegenstände sind auf einem Holztische gruppirt. Auf Holz.
H. 43. Br. 33. G. R.

Claude-Joseph Vernet.
1712—1789.

20 Seestück bei Mondbeleuchtung. Im Vordergrunde rechts bemerkt man mehrere die Netze einziehende Fischer, während sich links eine Galeere auf den Wellen schaukelt. Auf Leinwand.

H. 38. Br. 68. S. R.

August Weber.
1817—1873.

21 Mondscheinlandschaft. An einem Bache, welcher zwischen grossen Felsen brausend zu Thal stürzt, sieht man eine Wassermühle mit erleuchteten Fenstern. Vortrefflich wirkendes Bild. Auf Leinwand.

H. 65. Br. 94. G. R.

Derselbe.

22 Landschaft, deren Vordergrund von einem schäumenden Bache durchflossen wird. Auf einer Anhöhe, links unter grossen Bäumen, ein Bauernhaus. Wäsche bleichende Frauen bilden die Staffage. Auf Leinwand.

H. 65. Br. 93. G. R.

Nach Andrea del Sarto.
1486—1531.

23 Die heilige Jungfrau in Halbfigur hält das neugeborene Christuskind, welches sie anbetet, auf dem Schoosse. Hinter ihr St. Joseph und rechts drei kleine Engel. Ein vierter Engel auf Wolken schwebend hält eine Bandrolle. Auf Holz. Sehr schön geschnitzter Rahmen mit zwei Engelsfiguren, die eine Krone halten.
H. 125. Br. 95.

Cornelis van Poelenburg.
1586—1667.

24 Landschaft mit den Ruinen eines antiken Palastes. Die Mauern desselben, zum Theil mit Bäumen bewachsen, erheben sich aus dem Spiegel eines ruhigen Gewässers. Die Staffage wird aus Diana mit ihren Nymphen gebildet. Aeussert fein durchgeführtes Bildchen auf Kupfer.
H. 23. Br. 30. S. R.

Carl Becker.
Geb. 1820.

25 Die Schmollenden. Ein junges Paar hat sich am Frühstückstische entzweit. Sie sitzt mit aufgestütztem Arm am Tische, während er, die Hand auf die Stuhllehne stützend, hinter ihr steht. Rococo-Costüm. Das schöne Genrebild ist auf Leinwand gemalt und rechts mit dem Namen des Künstlers bezeichnet. Siehe Reproduction.
H. 62. Br. 55. G. R.

François Clouet gen. Janet.
1500—1572. circa.

26 Männliches Brustbild auf grünem Untergrunde. Der Dargestellte ist mit rothem Wams und schwarzem Ueberwurf bekleidet. Auf dem Haupt trägt er ein kleines schwarzes Barett. Das vortrefflich ausgeführte Bild ist auf Holz gemalt. Siehe Reproduction.

H. 54. Br. 44. S. R.

Jan van Goijen.
1596—1656.

27 Niederländische Dorfstrasse. Bei einem von grossen Bäumen überragten Hause links sieht man einige Personen im Gespräch. Im Hintergrunde rechts wird der Glockenthurm der kleinen Dorfkirche sichtbar. Auf Holz.

H. 42. Br. 56. S. R.

Guido Reni.
1575—1642.

28 Die heil. Jungfrau betet das schlafende Christuskind an. Letzteres ruht ganz unbekleidet auf einem rothen Kissen. Die Madonna, nur in Halbfigur sichtbar, hat die Hände über der Brust gekreuzt, ihr Auge ruht mit innigem Ausdrucke auf dem schlafenden Heiland. Treffliches Gemälde auf Leinwand. Oval.

H. 67. Br. 87. Schön ornamentirter G. R.

Albert Brendel.
Geb. 1827.

29 **Inneres eines Stalles** mit **sechs** liegenden und **zwei stehenden** Schafen. Auf einer Futterraufe sitzen **zwei Hühner. Das Licht** fällt durch ein rechts befindliches **Gitterfenster. Treffliches** Thierstück auf Holz, es **ist rechts unten mit dem Namen des Künstlers bezeichnet.**
H. 33. Br. 25. G. R.

Paolo Caliari, gen. Veronese.
1528—1588.

30 **Die Verlobung der** heiligen Catharina. **Die Madonna, das Christuskind auf** dem **Schoosse,** sitzt unter einem **Baume, davor kniet St. Catharina von** Alexandrien und **empfängt den goldenen Reif.** Eine Heilige mit Palme **und ein Ritter mit Schwert und Helmbarte** bilden die **Zuschauer dieser Scene.** Letzterer wahrscheinlich das **Portrait eines venetianischen Nobile.** Prächtiges mit **grosser Meisterschaft gemaltes Bild.** Die Farben von **grosser** Leuchtkraft und **Harmonie. Auf Leinwand.** Siehe **Reproduction.**
H. 34. Br. 44. S. R.

Meindert Hobbema.
1638—1709.

31 Landschaft mit Wassermühle. Sie erhebt sich rechts an einem stillen Mühlteiche, während **den** Vordergrund links eine grössere Baumgruppe einnimmt. Auf Holz.
H. 50. Br. 74. S. R.

Pieter Boel.
1622—1674.

32 **Stillleben.** Ein Hase an einem Beine aufgehängt, liegt mit dem Oberkörper auf einem weissen Tuche, daneben zwei todte Rebhühner. Auf Leinwand.
H. 87. Br. 59. S. R.

Franz van Mieris d. A.
1635—1681.

33 **Kniestück** einer sitzenden jungen Frau in weissem Atlaskleid. Sie scheint sich eben mit Malen beschäftigt zu haben, wie Staffelei und Palette andeuten. Das Haupt ist nachdenklich auf die Rechte gestützt, während die Linke eine tragische Maske an einer Schnur hält. Durch ein Fenster blickt man in eine Landschaft. Meisterhaft gemaltes Bildchen von miniaturartig feiner Ausführung. Auf Holz. Siehe Reproduction.
H. 31. Br. 25. S. R.

Eduard Hildebrandt.
1818—1868.

34 **Ländliche Gegend** in Nord-Frankreich. Im Vordergrunde mit einem Schimmel bespannter Karren. Der Führer desselben spricht mit einer Bäuerin. Ein Kind und ein Hund vervollständigen die Gruppe. Von rechts her ziehen Gewitterwolken am Himmel empor. Das stimmungsvolle Bildchen ist auf Holz gemalt und rechts mit Namen und Jahreszahl bezeichnet.
H. 22. Br. 33. G. R.

Cornelis van Poelenburg.
1586—1667.

35 Die Entführung der Europa. Die Tochter des Phönix sitzt auf dem mit Blumen geschmückten weissen Stiere, welcher mit ihr durch die Fluthen des Meeres davoneilt. Die Gespielen am Ufer geben ihrer Bestürzung verschiedenartigen Ausdruck. Amoretten in den Lüften. Ausserordentlich fein gemaltes Bild auf Holz. Sehr frisch in den Farben.

H. 31. Br. 39. S. R.

Adrian van de Velde.
1635—1672.

36 Landschaft, in deren Mittelgrund die Ruine eines antiken Tempels. An einem Gewässer, welches den ganzen Vordergrund des Bildes einnimmt, Hirtenknabe mit seiner Heerde. Letztere besteht aus Rindvieh, Schafen und Ziegen. Sehr feines Bild auf Holz, es ist rechts unten mit dem Namen des Künstlers bezeichnet.

H. 35. Br. 43. S. R.

Claude-Joseph Vernet.
1712—1789.

37 Felsenschlucht von einem Flusse durchströmt. Motiv von Tivoli bei Rom. Bei einem Wasserfall im Mittelgrunde bemerkt man einen antiken Palast auf dem Gipfel eines Felsens. Zahlreiche Personen, Krieger, Fischer und Frauen, beleben das schöne Gemälde. Abendstimmung. **Auf Leinwand.**

  Früher: Sammlung A. G. Thiermann, Berlin, sub No. 382.

H. 76. Br. 100. Durchbrochener G. R.

Jan van Huijsum.
1682—1749.

38 **Blumenstück.** Eine Glasvase ist in einer steinernen Nische aufgestellt. In ersterer ein prächtiger Strauss von Gartenblumen der verschiedensten Art. Zahlreiche mit höchster Naturwahrheit gemalte Insekten beleben das Gemälde. Hervorragend schönes Werk des eminent geschätzten Meisters. Auf Leinwand. Siehe Reproduction.

Früher: Sammlung A. G. Thiermann, Berlin, sub No. 178.

H. 100. Br. 79. G. R. Durchbrochen.

Leonhard Bramer.
1596—1667.

39 **Drei Krieger** an einem Tische sitzend und Karten spielend. Ein Vierter, der eine Lanze mit beiden Händen hält, verfolgt das Spiel mit Aufmerksamkeit. Der Wirth, anscheinend ein Zigeuner, steht mit Krug und Glas daneben. Geistvoll gemaltes Bildchen auf Holz. Ein im Vordergrunde liegendes Stück Holz trägt das Monogramm des Künstlers.

H. 31. Br. 26. S. R.

Abraham de Vries.
Gest. 1662 ca.

40 **Brustbild eines Mannes mit** Schnurrbart und **lockigem Haar.** Er trägt über dem schwarzen Gewande einen weissen Kragen mit schöner Spitzenkante. Der Blick ist mit wohlwollendem Ausdruck auf den Beschauer gerichtet. Dunkler Hintergrund. Meisterhaft gemaltes Portrait auf Holz. Siehe Reproduction.
Hervorragend schönes Bild dieses seltenen und hochgeschätzten Meisters, welches gleichfalls, wie das Gemälde im Königl. Museum zu Berlin früher für einen **Ferdinand Bol** galt und in weiteren Kreisen aus der Thiermann'schen und Houben'schen Sammlung bekannt war.

H. 67. Br. 51. S. R.

Max Schmidt.
Geb. 1818.

41 **Grosse Waldlandschaft, deren** Vordergrund von einer **mächtigen Eichengruppe** eingenommen wird. An einem mit Schilf bestandenen Weiher bemerkt man eine Rinderheerde, sowie **auf einer** Holzbrücke links **den** Hirten mit **Stab und Tasche.** Sehr schönes Bild **auf** Leinwand.

H. 81. Br. 110. G. R.

Ludolf Bakhuisen.
1631—1708.

42 Holländischer Hafen mit Blick auf das Meer. Im Vordergrunde sieht man Fischer in ihren Fahrzeugen oder auf dem Lande verschiedenartig beschäftigt. Weiter zurück bemannte Boote, welche auf ein Kriegsschiff zurudern. Das auf Leinwand gemalte Bild ist rechts auf einer Planke mit Monogramm und Jahreszahl bezeichnet.
H. 52. Br. 67. S. R.

Frederik Moucheron.
1633—1713.

43 Gebirgige und baumreiche Landschaft, deren Vordergrund von einem Bache durchflossen wird. Als Staffage bemerkt man eine Hirtin mit ihrer Heerde und einen Angler. Auf Leinwand. Der Name des Künstlers steht ziemlich undeutlich rechts unten am Rande. Auf Leinwand.
H. 48. Br. 64. S. R.

Andreas Achenbach.
Geb. 1815.

44 Landschaft mit Wassermühle. Dieselbe erhebt sich von Bäumen umgeben an einem Bache und bemerkt man rechts ein kleines Hochplateau mit Weiden. An dem Bache auf einer Wiese sind Frauen mit dem Spülen und Bleichen von Wäsche beschäftigt. Prächtiges Gemälde von sehr poetischer Auffassung und ebenso feiner als geistreicher Durchführung. Auf Holz, der Name des Künstlers steht in der rechten unteren Ecke. Siehe Reproduction.
H. 36. Br. 53. G. R.

Rudolph Lepke's Kunst-Auctions-Haus in Berlin.

OELGEMAELDE.

Chr. Wilh. Ernst Dietrich.
1712—1774.

45 46 Zwei Brustbilder **von** bärtigen Orientalen. **Der eine** ist en face, der andere en profil dargestellt. **Gegenstücke.** Feine **Bildchen in** Rembrandts Geschmack. **Auf** Holz.

H. 23. Br. 17. S. R.

○

Jan van Gool.
1685—1763.

47 Landschaft mit Hirten und Vieh. Bei einem Baume im Vordergrunde **ein** weisser Stier, daneben liegende Kuh und Schaf. Das hübsche Bild ist **auf** Holz gemalt und rechts **unten mit Namen und Jahreszahl bezeichnet.**

H. 30. Br. 37. S. R.

○

Nicaise de Keyser.
Geb. 1813.

48 **Gottfried** von Bouillon **in der** Grabkirche **zu** Jerusalem **weiht** sein siegreiches **Schwert** dem Heilande. Er kniet in Kettenpanzer, über welchem ein **weisser** Mantel, an den Stufen des Altars. Das schöne **auf** Leinwand gemalte Bild ist in der linken unteren Ecke signirt.

H. 158. Br. 128. G. R.

○

Axel Nordgren.
Geb. 1828.

49 Gebirgslandschaft. Den Vordergrund nimmt ein Bach mit hohen zum Theil bewaldeten Ufern ein. Links, hinter einem Kornfelde werden die Häuser eines Dorfes sichtbar. Angler als Staffage. Heitere Nachmittags-Stimmung. Das schöne Bild ist auf Leinwand gemalt und rechts mit dem Namen des Künstlers bezeichnet.
H. 45. Br. 66. G. R.

Julius Schrader.
1815.

50 Brustbild Alexanders von Humboldt. Er ist in schwarzem Leibrock en face dargestellt und trägt um den Hals den Orden pour le mérite, während auf der Brust der Schwarze Adlerorden sichtbar wird. Wie sich der Dargestellte selbst geäussert haben soll, ist dieses Bild an Aehnlichkeit das vorzüglichste von allen Humboldt-Portraits. Auf Leinwand.
Früher im Besitze des Dargestellten.
H. 63. Br. 49. G. R.

Theodor Hosemann.
1807—1875.

51 Fahrende Künstler-Gesellschaft auf einem Dorf-Jahrmarkt. Links ist das Podium aufgebaut, und stösst der Director der Truppe um Zuschauer herbeizulocken in die Trompete. Zwei andere Künstler, sowie das aus vier Personen bestehende Orchester werden hinter ihm sichtbar. Rechts

das bereits harrende Publikum und etwas weiter zurück
die Strasse einer Budenstadt von zahlreichen Personen
gefüllt. Das auf Leinwand gemalte Bild trägt links
unten den Namen des Künstlers sowie die Jahreszahl 1863.
H. 50. Br. 71. G. R.

Jan van Kessel.
1626—1678.

52 Inmitten einer Stein-Cartouche mit Ornamenten in
Barockstyl ist die heilige Jungfrau mit dem Kinde sowie St. Joseph dargestellt. Die Cartouche ist mit prächtig
gemalten Blumen und Früchten umwunden: Rosen,
Tulpen, Kaiserbund, Schwertlilien, Zweigen mit Johannis-
beeren etc. Belebt wird das ganz vortreffliche Stück
durch zahlreiche äusserst naturwahr ausgeführte Insekten.
Von grosser Farbenfrische. Auf Holz. In der linken
unteren Ecke im dunklen Grunde liest man den Namen
des Künstlers.
H. 81. Br. 58. S. R.

Jacob van Walscapele.
Thätig 1670—1680.

53 Auf einem Tische hat der Künstler neben Weinkanne
und Weinpokal eine geschälte Citrone, Austern, Wall-
nüsse und ein Messer dargestellt. Ein Zweig von der
echten Kastanie mit Früchten wird ebenfalls sichtbar.
Sehr fein gemaltes Stillleben auf Leinwand. Der Name
des Künstlers ist rechts an der Wand etwas undeutlich
angebracht.
H. 48. Br. 41. G. R.

Nicolaas Berchem.
1620—1683.

54 An einer felsigen Meeresküste sind Waaren verschiedener Art am Boden ausgebreitet, und bemerkt man links die Träger derselben, zwei Kamele. Zwei orientalische Kaufleute stehen mit einem Holländer in geschäftlicher Unterhandlung. Weiter zurück in der Nähe eines phantastisch geformten Felsens Schiffe vor Anker, sowie am Strande mehrere Personen. Das interessante Bild ist auf Leinwand gemalt und rechts auf einem Waarenballen mit dem Monogramme des Meisters bezeichnet.

H. 77. Br. 99. G. R.

Theodor Hosemann.
1807—1875.

55 Hier können Familien Kaffee kochen. Scene aus einem Berliner Wirths-Garten. An einer langen Tafel sitzt eine gemischte Gesellschaft beim Kaffee, jeder sich auf seine Art unterhaltend. Ein Musikanten-Paar hat für musikalische Genüsse gesorgt. Links Annäherung zwischen der bewaffneten Macht und einem Kindermädchen. Vortrefflich characterisirtes Bild aus Berlins Vergangenheit. Auf Leinwand. Der Name des Künstlers, sowie die Jahreszahl 1861 rechts unten.

H. 47. Br. 68. G. R.

Chr. Wilh. Ernst Dietrich.
1712—1774.

56 Italienische Landschaft mit Ruine auf einem felsigen Hügel. Die grosse Staffage wird von einer Herde gebildet, die aus Rindvieh, Schafen und Ziegen besteht. Daneben der ruhende Hirtenknabe mit seinem Hunde. Hübsches Bild auf Leinwand, es trägt links am Rande den Namen des Künstlers.

H. 61. Br. 51. G. R.

J. Carolus.
1860.

57 Ein junger Cavalier, den Hut unter dem Arme, die Hand auf den Degengriff gestützt, blickt durch das Schlüsselloch einer Thür. Costüm des XVIII. Jahrhunderts. Das hübsche Genrebild ist auf Leinwand gemalt und mit Namen und Jahreszahl 59/60 bezeichnet.

H. 46. Br. 33. G. R.

Theodor Hosemann.
1807—1875.

58 Vier Knaben werden auf dem Schulwege von einem Schornsteinfeger-Lehrlinge attaquirt. Hübsche Aquarelle mit Namensbezeichnung und Jahreszahl 1862. In Passepartout.

H. 12. Br. 8,5.

Theodor Hosemann.

59 Die Nachbarskinder. Ein Bauernknabe reicht seiner Gespielin einen Vogelbauer über einen Zaun hinüber. Weiter zurück die schlafende Grossmutter am Spinnrad. Ebenso. Mit Namensbezeichnung und 1862.
H. 12,5. Br. 8.

Derselbe.

60 Grossvater auf dem Sopha sitzend hält sein Enkelkindchen im Arm. Ebenso. Mit Namen und 1862.
H. 12,5. Br 8.

Derselbe.

61 Der Besuch. Ein reducirt aussehender Herr sucht den Portier eines vornehmen Hauses zu bewegen, ihm den Durchlass zu gewähren. Ebenso. Mit Namen und 1864.
H. 15. Br. 12,5.

Derselbe.

62 Abschied. Ein junger Mann sein Pferd am Zügel führend verabschiedet sich von der Geliebten. Ebenso. Oval.
H. 16. Br. 12,5.

Theodor Hosemann.

63 Scene in einem Berliner Kaffeegarten mit Kegelschub. Figurenreiche Composition. Ebenso. Mit Künstlernamen und 1862.

H. 10,5. Br. 16.

◆

Derselbe.

64 Een Dreier det Schäfken. Knabe aut dem Weihnachtsmarkt Schäfchen verkaufend. Ebenso. Oval. Mit humoristischem Neujahrsvers von des Künstlers eigner Hand.

H. 12. Br. 9,5.